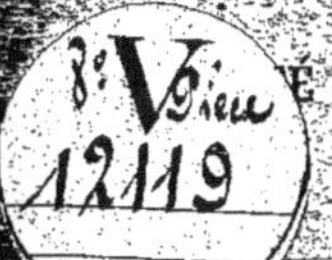

SOCIÉTÉ FRANÇAISE D'ENSEIGNEMENT [...]

SIÈGE : Hôtel des Sociétés sav[antes]

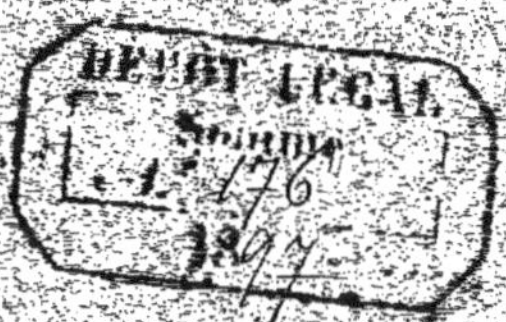

GUIDE

POUR

L'ENSEIGNEMENT ET LES APPLICATIONS

DE

LA STÉNOGRAPHIE

A L'ÉCOLE PRIMAIRE

Par MM.

F. DAVID   et   **Fr. FAUCONNIER**

Inspecteur primaire à Arras   Instituteur public
Président de la Société d'enseignement   Sténographe
par la Sténographie   Secrétaire de la Société d'enseignement
Officier de l'Instruction publique   par la Sténographie

SOUS PRESSE

EXERCICES sténo-orthographiques:

Cours préparatoire.

— élémentaire.

— moyen.

Publiés par la Société Française d'enseignement par la
Sténographie.

S'adresser à M. DAVID, à Arras.

Société d'enseignement par la sténographie.

Guide

pour l'enseignement et les applications de la sténographie à l'école primaire.

1. ENSEIGNEMENT

DE LA LECTURE ET DE L'ÉCRITURE STÉNOGRAPHIQUES.

La sténographie est enseignée dès l'arrivée des enfants à l'école, simultanément avec la lecture et l'écriture usuelles.

Le maître trace au tableau noir les caractères sténographiques et, au-dessous, les caractères correspondants en écriture cursive et même en écriture typographique. Ex. :

a p pa papa d da da da do

a p pa papa d da da da do

le loto , du coco , le caraco .
le loto , du coco , le caraco .

Il fait lire, puis copier la leçon sur l'ardoise ; parfois il fait traduire des mots sténographiques en écriture vulgaire et réciproquement, de façon à bien faire voir les éléments, leur groupement et leur valeur phonétique.

Cette variété dans les procédés plaît à l'enfant qui apprend sans fatigue et sans peine les deux écritures. Il deviendra, par la pratique, habile à les tracer comme nous le verrons plus loin.

Les ouvrages les plus propres à l'enseignement de la sténographie aux jeunes enfants sont les suivants:

1º Méthode de lecture par l'écriture et la sténographie, par A. Chabé [1]

2º Lectures sténographiques graduées, par F. David [1]

11 — APPLICATIONS DE LA STÉNOGRAPHIE.

Cours préparatoire.

La sténographie, reproduisant exactement tous les sons, peut remplacer la parole et servir de base pour l'enseignement de la langue et de l'orthographe.

Dans le cours préparatoire, on se contente de faire traduire la sténographie, et ces exercices commencent aussitôt que les enfants savent former les lettres usuelles.

Ces traductions remplacent les dictées et les devoirs de grammaire.

On propose d'abord des syllabes et des mots qui s'écrivent comme ils se prononcent, puis des mots classés de manière à éviter toute difficulté. Ex. :

Dictées

1° Lettres et combinaisons simples :

2° Sons composés et consonnes simples :

3° Consonnes doubles et voyelles simples ou

doubles : [symboles sténographiques]

4° *Sons composés et voyelles simples ou doubles :*

am. [symboles sténographiques]

em. [symboles sténographiques]

en. [symboles sténographiques]

eau. [symboles sténographiques]

ot. [symboles sténographiques]

ée. [symboles sténographiques]

[symboles sténographiques]

Devoirs de grammaire

1° [symboles sténographiques]

2° eau. [symboles sténographiques]

3° al en aux. [symboles sténographiques]

On arrive insensiblement à des mots dont l'orthographe est irrégulière et qui ne se prêtent à aucun classement.

Le maître trace les exercices au tableau noir en espaçant les lignes. Ex.:

[symboles sténographiques]

Il fait lire les mots et en explique ou en fait expliquer la signification.

Il fait traduire oralement et trace en même temps, dans les intervalles, les mots en écriture ordinaire. Ex. :

La sève monte. La bonde de la cuve.

On a tondu le gazon. Le limon de la voiture

Les enfants voient la forme orthographique des mots qu'ils lisent et épellent.

Le maître efface ensuite la traduction : il ne reste plus que le texte phonétique. Les élèves se mettent à traduire ; ils sont obligés de faire un effort de mémoire et de chercher à se rappeler les explications qui leur ont été données ; ils accomplissent un travail plus intelligent et plus fructueux qu'en faisant une copie machinale.

Au fur et à mesure que les enfants se familiarisent avec les mots, l'instituteur cesse de les tracer tous en écriture ordinaire au-dessous des mots sténographiés : il n'écrit plus que les mots nouveaux. Ex.

------------ au ------ lourdeur ----------

qu'il efface après lecture et épellation, et il fait seulement traduire les autres de vive voix pour s'assurer qu'ils sont bien sus.

Ces traductions sont un moyen d'occuper constamment et utilement les débutants.

Pendant que la division préparatoire traduit, le maître surveille la tenue de la plume, corrige les tracés défectueux ou, s'il a une école à classe unique, il s'occupe d'une autre division ; il peut ainsi, avec moins de fatigue, produire plus de travail utile et obtenir de meilleurs résultats.

Cours élémentaire.

Dans le cours élémentaire, la sténographie est appliquée au double point de vue de la traduction et du tracé de l'écriture.

Traduction

Les exercices traduits sont : les dictées, les exercices grammaticaux, les énoncés de problèmes, les canevas de sujets de style, les résumés de leçons et les devoirs spéciaux d'orthographe d'usage.

Les exercices sont écrits au tableau noir avant la classe.

Dictées.

L'emploi de la sténographie dispense de dicter et fait gagner par conséquent une dizaine de minutes qui sont consacrées aux explications, ce qui est beaucoup plus profitable que de prononcer et de répéter des mots.

Grâce à cette écriture, le texte reste sous les yeux des élèves aussi longtemps qu'il est nécessaire ; il est lu et expliqué sous le rapport du sens, puis analysé, c'est à dire décomposé en phrases et en propositions ; et enfin expliqué au point de vue grammatical. Ex.

De qui ou de quoi est-il question dans cette proposition ? D'une personne ou d'une chose ?

— D'une personne qu'on appelle [symbole].

Quelle est la nature de ce mot ? — C'est un nom parce qu'il sert à nommer un être.

Le mot [symbole] désigne-t-il un être du masculin ou un être du féminin ? — Un être du féminin.

Pourquoi le mot [symbole] s'écrit-il avec une seule s ? — Parce que s'il s'écrivait avec deux s, on prononcerait [symbole] et non [symbole], s entre deux voyelles se prononçant [symbole].

Que fait la fileuse ? — Elle [symbole].

Comment appelle-t-on un mot qui dit ce que fait un être, qui exprime une action? — Un verbe.

[symbole] est donc un verbe ; quel verbe ? — Le verbe [symbole].

Quel est son radical ? — attach.

L'action d'attacher est-elle faite, se fait-elle au moment où l'on parle, où en tout temps, ou se fera-t-elle ? — La fileuse la fait chaque fois qu'il n'y a plus rien à sa quenouille et qu'elle veut filer. Un verbe qui exprime une action faite à n'importe quel moment, en tout temps, est au présent de l'indicatif.

L'action d'attacher est-elle faite par un être ou par plusieurs ? — Elle est faite par un seul être.

Alors, à quel nombre est le verbe [symbole] ? — Au singulier.

L'action d'attacher est-elle faite par un être qui parle, par un être à qui l'on parle ou par un être de qui l'on parle ? — Elle est faite par un être de qui l'on parle. Un verbe qui exprime une action faite par un être de qui l'on parle est à la

3ᵉ personne.

Conjuguez le verbe ⌒ au présent de l'indicatif. — En ce moment-ci, ⌒ mon cheval : attach e ; tu ⌒ ton bouc : attach es ; la fileuse ⌒ sa filasse : attach e ; nous ⌒ : attach ons ; vous ⌒ : attach ez ; les gardes ⌒ leurs chiens : attach ent.

L'instituteur trace en écriture usuelle, en ayant soin de souligner les difficultés, les mots d'usage nouveaux ou peu connus, à mesure qu'ils se présentent. Ex. : fi leu se, fi la sse, qu e nou ille.

Il écrit de même les mots dont l'orthographe est régie par des règles comme att ach et il ajoute les lettres qui forment les terminaisons dès que celles-ci sont exprimées :

$$\text{a tt ach} \begin{cases} e \\ es \\ e \\ ent \end{cases}$$

Les enfants voient parfaitement la forme orthographique des mots sténographiés qu'ils lisent et épellent.

L'analyse terminée, le maître efface tous les mots orthographiés : fileuse, filasse, quenouille, attache, de sorte qu'il ne reste plus que la représentation phonographique du langage parlé ; et pour s'assurer que tout a été bien saisi, il fait traduire oralement, c'est à dire épelé à la vue des monogrammes sténographiques.

Après cela les élèves prennent leur cahier, posent leur dictionnaire et leur grammaire sur la table et se mettent à traduire en silence.

Ils comprennent bien le texte puisqu'ils l'ont lu et qu'ils l'ont entendu expliquer ; ils ont épelé les mots qui offrent des difficultés et ont présentés à la pensée les règles d'accord. Enfin ils ne sont pas obligés d'écrire avec hâte, mais proportionnellement à leurs aptitudes et à leur dextérité, de sorte que s'ils viennent à hésiter sur l'orthographe d'un mot, ils peuvent faire appel à leurs souvenirs, à leur jugement et consulter leur dictionnaire ou leur grammaire avant d'écrire.

Dans ces conditions, la dictée est mieux écrite et contient peu de fautes. La correction en est d'autant plus facile et plus rapide ; elle s'opère d'ailleurs de la même manière que celle de la dictée orale. Il en résulte aussi cet autre avantage que la visite des cahiers après la classe est moins ennuyeuse et moins longue.

Lorsqu'un texte présente beaucoup de mots difficiles, on en met

quelques-uns en écriture vulgaire et les autres en sténographie. Ex. :

[sténographie] printemps [sténographie]
[sténographie] éclaircit [sténographie]
[sténographie] abondam-
ment [sténographie].

On rend ainsi les devoirs aussi fa-
ciles et aussi compliqués qu'on le juge
utile et on n'impose aux enfants que
l'effort intellectuel dont ils sont capa-
bles : ils n'ont à traduire que les mots
qui sont de leur vocabulaire et ils co-
pient tout simplement les autres.

De temps en temps cependant,
on fera une dictée orale afin d'ha-
bituer les enfants à écrire sous la parole comme ils devront le faire aux
examens.

Exercices grammaticaux

Les textes des exercices grammaticaux sont la reproduction exacte
de la parole. Ex. :

[sténographie]
[sténographie]
[sténographie]
[sténographie]

Ainsi grâce à la sténographie, plus de cacologie, plus de cacographie.

Plus de copie non plus. Pour transcrire en écriture usuelle, les élèves doivent porter leur attention sur tous les mots, faire appel à leurs souvenirs, à leur jugement et consulter les livres dont ils disposent afin de pouvoir donner à chaque mot phonographié la forme orthographique qui lui convient, soit d'après ses origines, soit d'après les rapports qu'il a avec les autres mots de la phrase. Ex. :

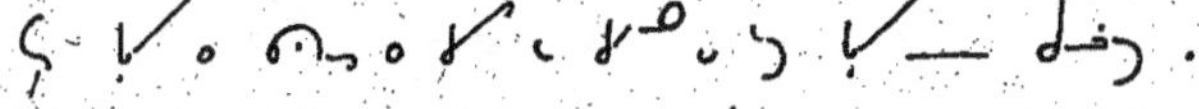

[sténographie]

ç, adj. poss., sing. de mes : mon ; le ç Blanc : mont ; les ç d'Auvergne : monts.

∨, homme qui a des enfants : père ; des ∨ de famille : pères ; une ∨ de bottines : paire ; deux ∨ : paires ; un ∨ de France : Pair ; des ∨ : Pairs ; un nombre ∨ : pair ; des nombres ∨ : pairs ; je ∨, tu ∨ : perds ; il ∨ : perd ; ne ∨ pas ton mouchoir : perds.

o, verbe avoir : a à la 3ᵉ pers. du sing. dont le pluriel est ont, et as à la 2ᵉ pers. du sing. dont le pluriel est avez ; o préposition : à.

∨, capitale de la France : Paris ; faire un ∨ : pari, des ∨ : paris ; je ∨ : parie ; tu ∨ : paries, il ∨ : parie, ils ∨ : parient ; ∨ deux sous : parie.

∨ au sing. : paletot, au plur. : paletots.

∨ au sing. : bottine, au plur. : bottines.

Mots de la même famille : ♪ ♪ ♪ = botte, botter, bottier.

Énoncés de problème.

— 0ᵐ,85 —

12ᶠ, ... paie-t-on ... ?

Canevas de rédaction.

... inconvénients ? ... ?

Résumés de leçon.

... intempéries — ...

Les transcriptions de ces exercices, qui oblige les élèves à raisonner, contribue aussi aux progrès orthographiques.

Exercices d'orthographe d'usage.

...

Si l'on considère les difficultés de l'orthographe usuelle, ces devoirs sont très importants parce qu'ils nécessitent une forte attention et un grand effort de mémoire.

Les mots qui les composent peuvent être choisis surtout dans les leçons du jour.

Les élèves les lisent, les expliquent, les font entrer dans la construction de phrases orales ; puis ils les traduisent de vive voix.

C'est surtout après une leçon de lecture qu'un devoir de ce genre peut être donné. On choisit dans la lecture cinq ou six mots dont l'orthographe d'usage présente des difficultés ; on les écrit en sténographie au tableau et les élèves doivent les transcrire en écriture ordinaire avec les explications demandées.

Emploi de l'écriture sténographique.

L'écriture sténographique est utilisée pour la rédaction, la prise des notes et des données de devoirs.

Rédaction

Comme elle est facile à apprendre et à tracer, elle permet de faire rédiger plus tôt les enfants.

Elle facilite aussi au maître la préparation des devoirs comme il est indiqué ci-après.

Le canevas ci-dessous est au tableau

L'instituteur fait lire chaque deman-

de et, par des questions et des explications, il a
mené ses élèves à trouver les réponses qu'il rectifie
s'il y a lieu et qu'il écrit au fur et à mesure.

1 — [sténographie]

2 — [sténographie]

3 — [sténographie]

4. [sténographie]

5. [sténographie] etc..

Les enfants lisent une ou deux fois le développement pour tâcher de s'assimiler les
tournures de phrases, puis le texte est l'objet d'u-
ne leçon d'orthographe : il est expliqué et épelé,
c'est à dire que les mots sténographiés sont
transformés de vive voix en mots orthographiés

Après cela, le développement est ef-
facé et les enfants exécutent leur brouillon
en sténographie.

Le sujet étant bien préparé et les
idées étant exprimées en écriture phonétique, la correction est plus facile et
moins longue. L'instituteur voit les copies,
souligne les passages défectueux à l'encre
rouge, donne de nouvelles explications et fait
recommencer les compositions, toujours en
phonographie et sur le cahier de brouillon.

Les enfants, n'étant pas assez avancés
en orthographe, ne traduisent pas leur devoir,
mais pour s'approprier les corrections, ils le
reportent en sténographie sur un cahier spécial.

<u>Cours moyen et supérieur.</u>

Traduction

Dans les cours moyen et supérieur, on procède de même que dans le cours élémentaire, sauf que dans les textes à traduire on ne met plus de mots en écriture ordinaire et qu'on supprime peu à peu les points et les accents à mesure que les enfants avancent en âge et que leur intelligence se développe.

Cette suppression fait qu'un grand nombre de mots ont à peu près le même monogramme phonétique. Ex.: son cent sein su zinc ceux et leurs homonymes sont figurés par un seul et même monogramme: ‿ .

Pour trouver le mot propre parmi dix, quinze ou vingt mots qui ont une ressemblance graphique, mais dont le sens doit faire varier le son (sont cent sein su zinc ceux) et l'orthographe, il faut réfléchir, c'est à dire faire un effort intellectuel.

Recueils de dictées sténographiques

Les recueils sténographiés dispensent d'écrire les textes au tableau noir.

Les textes de ces livres peuvent être l'objet d'une lecture expliquée, d'une analyse et d'une traduction orale qui permettent de constater si toutes les explications ont été bien comprises et d'affermir les notions acquises.

Ils procurent la faculté de faire des dictées en dehors de la classe. Le maître indique la page, fait lire et analyser le morceau s'il le juge nécessaire et les élèves traduisent chez eux en s'aidant de leur grammaire et de leur dictionnaire.

Ces recueils sont très utiles dans tous les cours, mais surtout dans les cours moyen et supérieur et à l'approche des examens et des concours, car ils fournissent le moyen de réviser rapidement et d'éviter le surmenage qui est la conséquence des devoirs écrits (1).

---

(1) La bibliothèque sténographique Duployé compte un certain nombre de recueils de ce genre, particulièrement les dictées de Robert, Rossignon et Leclair.

EMPLOI DE L'ÉCRITURE STÉNOGRAPHIQUE

Comme dans le cours élémentaire, les brouillons de rédactions sont rédigés en sténographie ; mais après correction, les élèves, qui connaissent suffisamment l'orthographe, les traduisent sur leur cahier journalier de sorte que l'exercice de style sert aussi de dictée.

Les textes étant différents, il n'est pas possible de les épeler et force est de visiter chaque cahier ; mais comme la plupart des mots ont été analysés, vus et épelés, le nombre des fautes est restreint, et l'on n'a qu'à les souligner et à obliger les écoliers à les corriger eux-mêmes.

Le travail de la composition française se trouve ainsi dédoublé et est rendu plus facile pour les enfants ; pour rédiger leurs brouillons, ils n'ont qu'à chercher des idées et à les exposer correctement, et pour transcrire en écriture ordinaire, ils n'ont qu'à s'appliquer à l'orthographe.

Les devoirs étant meilleurs, la charge du correcteur est simplifiée.

Comme écriture rapide, la sténographie peut rendre encore des services aux élèves en leur permettant de prendre rapidement des notes et et des données de devoirs.

Sans s'exercer d'une façon particulière, les écoliers parviennent en effet, vers l'âge de douze ou treize ans, à tracer la sténographie quatre ou cinq fois plus vite que l'écriture orthographique. Cette habileté est un grand avantage pour ceux qui continuent leurs études ou qui embrassent des professions libérales.

CONCLUSION

Comme on le voit, l'étude de la sténographie ne demande aucun apprentissage spécial et, loin d'être une surcharge pour les programmes, elle constitue pour les maîtres un allègement.

Son emploi ne change rien à l'emploi du temps ni aux programmes. Il permet de faire faire plus tôt des devoirs aux commençants, de mieux occuper simultanément toutes les divisions, de proportionner les difficultés à l'âge et à la force des enfants.

Ce procédé fait gagner du temps, rend les exercices écrits plus profitables au point de vue orthographique et favorise les progrès généraux. Il nécessite de la part des élèves plus d'efforts et de recherches que les procédés usités et contribue ainsi au développement de l'intelligence et de l'esprit d'observation.

Il est donc à désirer que la sténographie se vulgarise afin de permettre aux instituteurs de suffire à leur tâche croissante et de mieux approfondir toutes les matières du programme.

Imp. G. Bellin à Montdidier.